# COMMENT ATTEINDRE L'ÉPANOUISSEMENT PROFESSIONNEL ?

— 10 clés pour être heureux au bureau

par Virginie De Lutis

**50MINUTES**

# COMMENT ATTEINDRE L'ÉPANOUISSEMENT PROFESSIONNEL ?

5

# B.A.-BA DU TRAVAILLEUR ÉPANOUI

7

Valeurs et croyances

De l'importance d'être soi au bureau

Avoir confiance en soi

Prendre conscience de ses atouts

S'investir à 100 % et rester optimiste

Équilibre entre vie professionnelle et vie privée

Importance de la santé et de la sécurité

# TOP CONSEILS

22

# FAQ

24

Quels sont les éléments essentiels menant
à l'épanouissement professionnel ?

L'épanouissement est-il accessible à tous ?

Comment amorcer un changement positif ?

Comment communiquer avec mon patron ?

Comment s'épanouir dans un environnement
professionnel toxique ?

Comment me percevra mon entourage
si je démissionne encore ?

Je crains que l'on me prenne pour un farfelu, que faire ?

Peut-on changer de métier au milieu d'une carrière ?

# À VOUS DE JOUER

27

Tout commence par votre projet

Programmez votre épanouissement

Demain matin : engagement

# POUR ALLER PLUS LOIN

30

# COMMENT ATTEINDRE L'ÉPANOUISSEMENT PROFESSIONNEL ?

- **Problématique ?** Comment réussir à créer un environnement de travail épanouissant afin de se rendre au bureau le cœur léger ? Comment trouver une place juste, intéressante et valorisante dans un cadre professionnel ?
- **Utilité ?** Le bureau est l'endroit où l'on passe la majorité de notre temps. Il paraît dès lors primordial de pouvoir s'y sentir à l'aise et s'y épanouir.
- **Contexte professionnel ?** Psychologie du travail, équilibre professionnel.
- **FAQ ?**
  - Quels sont les éléments essentiels menant à l'épanouissement professionnel ?
  - L'épanouissement est-il accessible à tous ?
  - Comment amorcer un changement positif ?
  - Comment communiquer avec mon patron ?
  - Comment s'épanouir dans un environnement professionnel toxique ?
  - Comment me percevra mon entourage si je démissionne encore ?
  - Je crains que l'on me prenne pour un farfelu, que faire ?
  - Peut-on changer de métier au milieu d'une carrière ?

Alors que la crise n'en finit pas de démoraliser les chômeurs, ceux qui ont un emploi s'entendent dire qu'ils ont beaucoup de chance. Or, cette chance s'avère toute relative dès lors que l'emploi en question n'est pas une source d'épanouissement. Si le travail rythme notre vie et offre une stabilité financière nécessaire à chacun, il ne couvre pas pour autant tous nos besoins personnels. Il arrive même qu'il engendre un mal-être difficile à relativiser et à éradiquer.

Pourtant, nous vivons dans une société où il est acquis que le temps de loisirs est un droit, l'harmonie entre vie privée et vie professionnelle est même un argument proposé par certains employeurs qui offrent la possibilité de faire du télétravail ou proposent des horaires souples à leurs collaborateurs.

Reste encore à bien ancrer dans les esprits la notion d'épanouissement professionnel. Quel est cet équilibre délicat qui nous rend heureux à l'idée d'aller travailler le matin ? Comment installer de nouvelles habitudes, fondées sur ce que l'on est vraiment, sans pour autant bousculer toute une équipe ? La valeur d'un employé heureux est-elle plus grande que celle d'un employé démotivé ? Comment se sentir à sa place et mettre du sens dans son travail ? Comment revenir chez soi avec la sensation de s'accomplir plutôt qu'avec une mine déconfite ? Dans ce livret nous allons voir comment, en dix clés essentielles, l'épanouissement au bureau est à portée de main.

# B.A.-BA DU TRAVAILLEUR ÉPANOUI

Dans l'idéal, vous travaillez sur un projet qui vous tient à cœur, au sein d'une équipe dynamique et respectueuse. Vous rentrez chez vous serein, ce qui vous permet de profiter pleinement de votre vie privée, dès que vous quittez le bureau. Joli tableau, n'est-ce pas ? Malheureusement, cet idéal ne correspond pas encore au quotidien de tout le monde.

Le stress lié à l'instabilité de l'emploi, l'absence de remise en question ou parfois même le manque d'imagination nous font perdre de vue que tout ce temps consacré au travail est en réalité un temps auquel chaque être humain doit pouvoir donner un sens. Bien entendu, certains prétendent se satisfaire d'un gros salaire à la fin du mois. Pourtant, force est de constater que même ces privilégiés cherchent en majorité à atteindre un épanouissement professionnel plus grand, plus vaste que cela. Car l'argent n'est pas tout.

Déterminer ce qui nous rend heureux dans le travail est une mission qui peut s'avérer difficile lorsqu'on doit jongler avec plusieurs paramètres. On peut ressentir une gêne, sans savoir exactement expliquer d'où vient le problème. Cela touche probablement à un ensemble d'objectifs qui se contredisent et se bousculent et dont on a parfois du mal à cerner les contours.

## « OUI, MAIS » : LE JEU QUI FREINE TOUT

Si je vous demande « Aimez-vous votre travail ? », peut-être allez-vous me répondre « Oui, mais... ». Le jeu psychologique du « Oui, mais... » a été mis en scène par Yves Lavandier dans un film éponyme. C'est en réalité un concept créé par Éric Berne, le fondateur de l'analyse transactionnelle. Ce jeu, utilisé entre

## Indicateurs de démotivation

Vous avez la chance d'avoir un emploi ? Vous êtes même content de collaborer à un projet qui vous paraît utile, ou pertinent ? C'est déjà une bonne base. Et pourtant, vous observez chez vous certains de ces symptômes :

<table>
<tr><th colspan="1">Indicateurs de démotivation</th></tr>
<tr><td>

• Stress au moment du réveil

• Lassitude face au comportement de certains de vos collègues

• Ennui à l'idée de devoir exécuter vos tâches

• Regards intempestifs vers l'horloge, le calendrier des congés, Facebook, etc.

• Sensation de bâcler des dossiers

• Repli sur soi, tendance à éviter les échanges entre vous et vos collègues ou supérieurs

• Critique de l'entreprise et des collègues

• Assoupissement lors des réunions

• Sensation d'être rabaissé ou sous-estimé

• Sentiment que vos capacités ne sont pas utilisées à 100 %

• Retour à la maison dans un état d'épuisement ou d'irritation

• Impossibilité de vous libérer l'esprit de votre travail

• Etc.

</td></tr>
</table>

La liste des indicateurs de démotivation peut s'avérer longue. Pour peu que vous soyez entouré de collègues qui en sont arrivés au même stade, ce n'est pas bon pour le moral. Dès lors, prenez garde, car le risque, dans ce genre de situation, est que votre état se détériore encore davantage et vous entraîne dans un réel mal-être. Réussir à déceler l'origine de votre gêne est la première étape vers le changement.

## CÔTÉ EMPLOYEUR

Il est possible de remarquer la démotivation d'un collaborateur à quelques faits : des notes de frais plus élevées, du matériel du bureau ramené au domicile (désintérêt pour le patrimoine de l'entreprise) ou encore le fait d'arriver plus tard ou de partir plus tôt. Ces indicateurs marquent peut-être le besoin de remettre du sens dans son travail. La capacité d'écoute est alors le meilleur outil pour redessiner un cadre épanouissant avec ce collaborateur.

## Facteurs d'épanouissement au travail

Plusieurs facteurs d'épanouissement sont observés chez les travailleurs heureux. Parmi ceux-ci, on retrouve en majorité :

| Facteurs de motivation |
| --- |
| • Donner du sens à ce que l'on fait |
| • Se sentir utile |
| • Avoir la possibilité d'être créatif |
| • Détenir un pouvoir décisionnel |
| • Progresser personnellement |
| • Relever des défis |
| • Avoir conscience du projet auquel on collabore |
| • Être reconnu de ses collègues et supérieurs |

Déterminez, parmi cette liste ou d'autres, quels objectifs sont susceptibles de vous motiver dans votre milieu professionnel. Vous pourrez plus facilement décider dans quelle direction orienter vos efforts.

## Fixer vos objectifs

Pour pouvoir s'épanouir dans leur milieu professionnel, de nombreux salariés seraient prêts à accepter un salaire moins élevé. L'essentiel ici est donc de déterminer si l'argent constitue un objectif en soi, si vous souhaitez en gagner non pas pour vivre, mais pour posséder un compte en banque bien fourni.

D'autres objectifs sont toutefois imaginables. Vous êtes peut-être le genre de personnes que l'analyse fascine. Votre goût pour la découverte et l'ingéniosité des systèmes vous pousse à vous surpasser ? Vous aurez probablement besoin d'un emploi qui vous mette en contact avec des sujets nouveaux, qui demandent de la réflexion. Dans ce cas, un travail répétitif ne vous conviendra pas. Choisissez un métier qui corresponde à vos aspirations. Si vous constatez que vos horaires posent problème, votre objectif peut être de trouver un emploi aux horaires souples, qui respecte et valorise la vie familiale. Il est important de lister ce qui vous pose problème actuellement afin de porter votre attention sur les conditions nécessaires à votre épanouissement, soit vos objectifs à atteindre.

## L'AVIS DES PSYCHOLOGUES

Un article du *Journal des psychologues* explore les résultats d'une enquête menée auprès d'enseignants français. L'auteure, Pascale Desrumaux, y aborde la notion du bien-être au travail et y écrit : « Dans le milieu du travail, les employeurs ont le devoir de garantir le bien-être à leurs salariés. »

L'entreprise vise la rentabilité. Pour l'atteindre, elle veille donc à la qualité de la productivité. Celle-ci n'étant possible que si les salariés travaillent dans un état de bien-être, il est logique que l'employeur en fasse l'une de ses préoccupations majeures. Le bien-être et le mal-être sont des composantes essentielles de la réussite ou de la faillite d'une entreprise. Enfin, cette dernière est responsable de son employé et donc de son état physique et psychologique.

# VALEURS ET CROYANCES

## Les valeurs

Les valeurs reflètent nos principes, notre vision de ce qui est bien ou mal au sein de la société. Elles s'expriment dans nos actions et notre façon d'être. Pour se sentir bien, il est nécessaire d'évoluer dans un système qui partage nos valeurs.

- Le respect de ses engagements vis-à-vis des clients.
- Un service après-vente de qualité.
- Une certaine tolérance face aux erreurs des collaborateurs.
- Le besoin de progresser, d'apprendre.
- Etc.

### À NOTER

Les valeurs d'une entreprise sont reprises dans la charte et vous ont sans doute été expliquées lors de votre entretien d'embauche. Soyez-y attentif avant d'intégrer une entreprise car, en adhérant à celles-ci, vous vous sentirez davantage impliqué et concerné. Toutefois, si vous avez apprécié ces valeurs et constatez qu'elles ne sont pas mises en application, ou que le cadre ne vous permet pas de les mettre en pratique, il est possible que vous souffriez du manque de cohérence entre la promesse et la réalité.

## Les croyances

Là où les valeurs vous parlent de bien et de mal, les croyances quant à elles, concernent ce que vous percevez comme vrai ou faux. Elles résultent de votre parcours de vie (famille, environnement direct, expériences), mais aussi de notre société. Elles guident nos choix et décisions de façon inconsciente. Au sein d'une entreprise, un système de croyances est établi. L'adaptation se fait naturellement s'il n'y a pas de dissonance entre ces croyances et les nôtres.

Si vous vous sentez tendu ou si vous ressentez un inconfort à exécuter certaines tâches, il est possible que vous soyez en train de jongler avec deux systèmes de croyances trop opposés. Par exemple, vous pensez que l'« union fait la force », tandis que votre entreprise vous pousse à voir vos collègues comme des concurrents. Ou encore, pour vous le salaire se gagne au mérite et vous n'hésitez pas à faire de nombreuses heures supplémentaires pour gagner davantage alors que votre patron souhaite que les primes soient égales pour tous les collaborateurs.

Cette opposition des croyances peut vous pousser à :

- nier un problème puis constater qu'il revient sans cesse ;
- changer votre propre comportement et provoquer des remous jusque dans la sphère privée ;
- tomber dans le cynisme (« C'est bien son genre ») ou l'autojustification (« Je n'ai pas eu le choix ») ;
- etc.

Il est donc essentiel que vous accordiez vos actes à vos pensées. En allant à l'encontre de vos croyances, vous devriez composer avec une frustration ou une gêne qui finirait par modifier soit votre état mental (mépris, manque d'estime de soi, etc.), soit votre attitude (déloyauté vis-à-vis de l'entreprise, non-circulation des informations, etc.).

## DE L'IMPORTANCE D'ÊTRE SOI AU BUREAU

Pour s'épanouir, il faut pouvoir être soi-même. Ne tentez pas d'être ou de paraître quelqu'un d'autre au travail. Bien entendu, il n'est pas question d'être la personne que vous êtes en tant que père ou mère, ami ou enfant de vos parents.

Tentez de visualiser votre « moi professionnel » : quelles sont vos compétences ? Quels sont vos besoins ? Souhaitez-vous vous former ? Avoir des responsabilités ? Ne cherchez pas à plaire à outrance ni à endosser un rôle. Développez une personnalité professionnelle saine armée de compétences utiles. Si vous êtes timide, n'essayez pas d'en faire trop, de vous forcer, mais tentez d'aller naturellement vers les autres. Si au contraire, vous êtes plus extraverti, ne vous retenez pas.

Exprimez ce que vous avez sur le cœur, ce que vous pensez de tel ou tel projet : donnez votre avis sur la résolution d'un problème. Mais attention, il est des instants où il vaut mieux prendre du recul et se retenir. Par exemple, évitez de vous exprimer sur le coup de la colère ou de déballer toute votre vie privée.

Certaines personnes, et le plus souvent des femmes, se plaignent d'avoir une apparence qui n'inspire pas le respect. Pour compenser, elles s'enferment dans des tenues vestimentaires qu'elles jugent « sérieuses » et se construisent un profil professionnel qui les éloigne de leur personnalité profonde. Si vous vous retrouvez dans ce cas, renseignez-vous sur la psychologie plutôt que sur les signes extérieurs de la personnalité. Renforcez votre confiance en vous et traitez ce problème avant d'afficher une apparence qui, au final, correspond à une fausse image de vous.

Être vous-même au bureau vous permettra de vous sentir plus libre et de bénéficier d'un certain bien-être, deux choses essentielles à votre épanouissement professionnel.



## AVOIR CONFIANCE EN SOI

L'épanouissement sans confiance en soi est un impossible rêve. Cette confiance est nécessaire pour agir, entreprendre de nouveaux défis, mais aussi dans vos relations aux autres. Dès lors :

- **essayez de prendre davantage soin de vous**. Vous sentir bien dans votre corps vous aidera à être bien dans votre tête. Si vous souhaitez faire du sport mais que vous ne trouvez pas le temps, dites-vous que dix minutes tous les deux jours vaut mieux que pas du tout. Si vous pensez renvoyer une mauvaise image, prenez rendez-vous avec une conseillère en image. Côté diététique, avez-vous pensé à modifier votre alimentation ? Chaque personne doit trouver le mode alimentaire qui lui convient. Suivant cette logique, Internet regorge d'outils pratiques et de conseils de coachs ;

- **acceptez vos erreurs et ne vous culpabilisez pas**. Apprendre de ces erreurs vous permettra d'avancer. Une fois vos excuses exprimées, vous vous devez de tourner la page et de passer outre les critiques ou railleries de vos collègues ;

- **ayez une attitude ouverte et franche**. Forcez-vous à vous exprimer lorsque vous êtes face à des événements qui ne vous conviennent pas. Si vous êtes de nature timide, faites-le sans argumenter longuement. Manifestez votre pensée humblement ;

- **acceptez les compliments**. Ils sont tous bons à prendre. Puisque nous sommes tous pourvus de qualités et de défauts, pourquoi vous priver de reconnaissance ? Si vous vous sentez illégitime, gardez ces états d'âme pour vous et contentez-vous d'un remerciement. Vous aurez le temps d'analyser ce que vos collaborateurs apprécient ;

- **revendiquez votre place au sein de votre entreprise de manière positive**. Soyez fier de votre travail et prenez conscience du fait qu'en le revendiquant, c'est toute une structure que vous félicitez. Il n'est pas prétentieux de décrire la réalité : votre place compte dans l'entreprise et vous appréciez d'occuper votre fonction.

## CÔTÉ EMPLOYEUR : « LES RÈGLES DE SIMPLICITÉ INTELLIGENTE »

Selon Yves Morieux, directeur associé d'un grand cabinet de conseil, les systèmes actuels de management sont obsolètes et créent des dommages chez les travailleurs en causant du désengagement, des burn out et de mauvaises relations. Il établit ainsi « six règles de simplicité intelligente » qui ont pour objectif d'améliorer l'environnement de travail et les performances :

- comprendre ce que font ses collègues au bureau ;
- permettre aux managers de l'entreprise de renforcer les actions des employés ;
- augmenter le pouvoir décisionnel des employés ;
- tenir compte de l'avenir proche et des répercussions de la qualité des services ou produits de l'entreprise ;
- encourager la coopération entre collègues ;
- blâmer non pas les erreurs, mais le fait de ne pas demander de l'aide ou de ne pas aider.

# PRENDRE CONSCIENCE DE SES ATOUTS

Vos atouts dans le monde professionnel regroupent vos connaissances, vos qualités ainsi que les traits de caractère utiles à votre travail. Dès lors, prendre conscience de ceux-ci vous amène à valoriser vos points forts auprès d'un employeur :

- questionnez-vous sur leur plus-value en comparant votre profil aux débouchés possibles sur le marché de l'emploi. Par exemple, vos compétences dans certains logiciels sont obsolètes, mais votre métier vous intéresse toujours ? Ne laissez pas ces lacunes vous barrer la route et mettez-vous à jour grâce aux nombreuses formations proposées. N'hésitez pas à approfondir vos compétences et à avancer dans votre métier ;
- demandez-vous si ces atouts vous rendent heureux. Par exemple, vous êtes doué en comptabilité, mais rêvez de travailler dans un jardin ? Dans ce cas, libérez-vous de ce que vous savez faire et apprenez à faire ce que vous pensez bon pour vous.

Il est fréquent que l'on ignore ou dévalorise ses propres atouts. Si vous êtes de nature discrète, par exemple, mettez en avant votre délicatesse, votre capacité d'écoute ou votre finesse d'analyse. La retenue d'un membre du personnel permet souvent à une équipe de fonctionner avec davantage d'harmonie. Si, dans un autre cas, vous avez la sensation d'être celui qui permet d'avancer, réfléchissez à votre plus-value pour l'entreprise : n'est-ce pas grâce à vous que chaque question est abordée en profondeur ? N'avez-vous pas la capacité d'aller plus loin que les autres lorsqu'il s'agit de réfléchir à tous les paramètres d'une problématique ?

## Le MBTI

Le test MBTI (*Myers Briggs Type Indicator*) est un standard mondial breveté qui identifie 16 profils psychologiques (il en existe des gratuits en ligne). Il vous donne des indications sur votre manière de vous ressourcer, de réfléchir, d'appréhender les événements et de décider. Le profil révélé est extrêmement intéressant, il permet de mieux se connaître et d'être en mesure de confirmer sa voie ou de se reconvertir en toute connaissance de cause.

## Attention

Si vous vous voyez offrir une promotion, pensez au principe de Peter qui énonce que, dans une hiérarchie, tout employé a tendance à s'élever à son niveau d'incompétence. Votre talent peut vous faire gravir les échelons et vous faire accéder à des fonctions qui ne correspondent ni à vos compétences, ni à vos désirs, aussi, gardez à l'œil les modifications de votre fonction. Par contre, pourquoi ne pas mettre à profit votre expertise en formant vos collègues ?

### Le principe de Peter

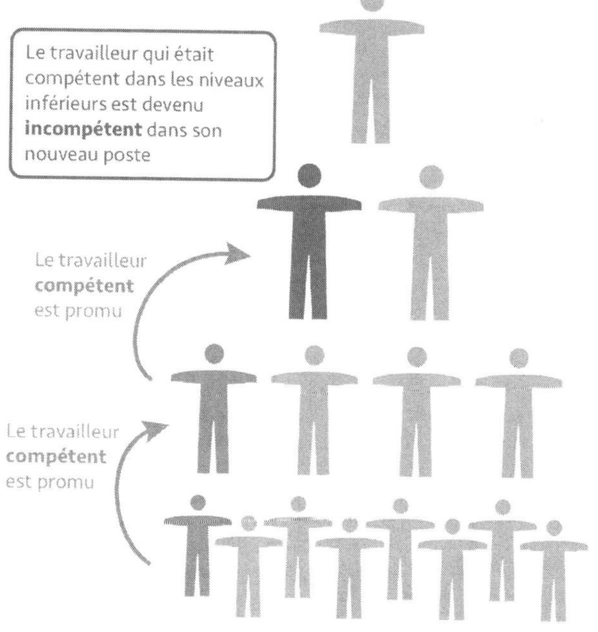

# S'INVESTIR À 100 % ET RESTER OPTIMISTE

> « L'homme passionné par son travail n'a pas le sentiment de travailler. » Confucius

La passion peut être un élément essentiel dans l'épanouissement professionnel, elle vous fait oublier les contraintes de votre travail. Un travail passionnant est un travail qui correspond à votre personnalité et à vos atouts, bref qui vous ressemble.

Mais alors faut-il forcément être passionné pour être heureux ? Non, rassurez-vous, si la passion joue un rôle dans notre développement personnel, elle n'est pas indispensable à notre bonheur, et nous pouvons nous épanouir sans elle. Si vous ne ressentez pas de passion particulière pour votre métier ou le poste que vous occupez, investissez-vous à 100 % dans tout ce que vous faites en contrepartie et surtout prenez du plaisir. Si vous vous ennuyez, essayez de trouver de nouveaux défis qui vous stimuleront.

Un autre élément important : positivez. Dans une émission vidéo, le psychologue Shawn Achor affirme que le bonheur ne provient pas des réussites, mais au contraire la précède. Le sentiment de bonheur crée des ressources supplémentaires, nous rendant plus performants.

Donnez le meilleur de vous-même, croyez en vous. Développez tout ce qui, en vous, a de la valeur à vos yeux. De nombreuses études scientifiques ont démontré qu'une personne positive est plus efficace et plus rentable qu'une personne négative ou au tempérament neutre, alors souriez dès aujourd'hui avec confiance.

## ÉQUILIBRE ENTRE VIE PROFESSIONNELLE ET VIE PRIVÉE

Nous savons tous que cet équilibre est essentiel à notre épanouissement, mais nous trouvons tous, de temps à autre, des occasions d'y objecter ces fameux « oui, mais » qui contredisent le bon sens. Vous voulez préserver votre vie privée, mais :

- la réunion de la semaine prochaine est cruciale ;
- votre boss vous observe du coin de l'œil ;
- vos collègues vous donnent une occasion de briller par leur désengagement ;
- vous croyez à votre travail ;
- vous devez vous donner à 100 % pour accéder au niveau supérieur, que vous vous êtes fixé.

Toutes ces raisons peuvent être pertinentes, ou pas. Ce qui fera la différence c'est l'impact sur votre bien-être. En effet, si vous privilégiez la sphère professionnelle au détriment de la sphère personnelle, peut-être que quelqu'un souffre de votre absence, de votre distance ? Vos enfants vous voient-ils assez, votre conjoint se sent-il soutenu, votre épouse se sent-elle seule souvent ? S'il est bon de se fixer un objectif professionnel, celui-ci doit absolument tenir compte de votre environnement. Dans le jargon des coachs, on appelle cela « l'écologie ». Soyez écolo : pensez à vous fixer des limites, et mettez-les au point avec ceux sur qui votre dévouement professionnel peut avoir des conséquences, afin de ne pas le regretter plus tard. Quelques conseils pour vous aider à instaurer cet équilibre :

- sachez dire « non » lorsque vous êtes surmené ;
- faites plusieurs pauses dans la journée et une vraie le midi afin de décrocher ;
- ayez des activités en dehors du travail (faites du sport, allez au cinéma, etc.) ;
- prenez le pouls de votre vie personnelle ou familiale : votre entourage est-il heureux de la place que vous lui consacrez ?
- ne racontez pas toute votre vie au travail, conservez vos confidences pour les amis ;
- en contrepartie, tâchez de voir vos collègues pour ce qu'ils sont et d'apprécier les traits positifs de leur attitude ;
- évitez les commérages et restez professionnel dans toutes les situations. Le travail reste le travail, et ne doit pas se transformer en théâtre ;
- votre travail n'est pas forcément votre passion : développez des activités qui vous intéressent en dehors du bureau ;
- si votre santé est mise en péril par votre travail, prenez les choses en main consultez sans attendre.

# IMPORTANCE DE LA SANTÉ ET DE LA SÉCURITÉ

La santé est un élément essentiel de votre vie. Cela peut vous paraître évident en le lisant mais pourtant :

- Avez-vous pensé à vérifier que votre siège est adapté et permet de prendre une bonne posture ?
- Votre écran offre-t-il un confort pour les yeux ?
- Y-a-t-il assez de lumière dans votre bureau ?
- Pensez-vous à boire de l'eau et à manger un vrai repas le midi plutôt que des snacks ?

Faites vos propres observations et prenez le temps nécessaire pour penser à votre santé et notez ce qui risque de la mettre en danger. Les recommandations de base (posture, écran, pause) sont essentielles sur le long terme, car votre corps ne manquera pas de vous rappeler à l'ordre si vous avez abusé de lui. Un check-up chez un médecin vous offrira un point de vue objectif sur votre état actuel.

La sécurité est régie par des normes et le cadre légal de toute activité se doit d'être respecté. Qu'elle soit physique ou morale, la sécurité sur votre lieu de travail doit être garantie. Ne prenez pas à la légère ces normes qui ont été fixées par des professionnels, souvent en réaction à des situations qui ont dégénéré. En y faisant attention, les dangers que votre employeur pourrait vous faire courir, à vous et vos collègues, pourront être écartés. N'hésitez pas à consulter votre syndicat, ou tout autre organisme au service des travailleurs, si vous avez des craintes.

# TOP CONSEILS

- Faites régulièrement le point sur votre situation, prenez du recul. Êtes-vous heureux ? Êtes-vous épanoui ? Si non, qu'est-ce qui vous manque ou gêne ? Apprenez à déterminer ce qui ne vous convient pas puis actualisez une liste d'objectifs qui vous aideront à vous projeter.

- Prenez le temps de lire ou de penser à vos objectifs chaque matin. Réfléchissez à ce vers quoi vous tendez. Cherchez dans chaque détail de vos journées une opportunité d'incarner cette personne épanouie que vous voulez être physiquement et mentalement.

- Soyez cohérent et réaliste. Vous ne pouvez pas demander plus de responsabilités et en même temps davantage de temps libre : on ne peut pas tout avoir. Si l'on veut éviter d'être frustré, on doit pouvoir renoncer à une partie de nos envies et faire des concessions.

- Soyez créatif et prenez les devants : offrez à votre entreprise ce que vous avez de meilleur. Préparez, argumentez, défendez de nouveaux projets. Faites part de votre désir de progression.

- Prenez soin de répartir dans votre agenda les tâches qui vous réjouissent le plus afin de retrouver des sensations positives régulièrement. Gérez votre emploi du temps pour nourrir une pensée positive et changez vos habitudes si cela s'avère nécessaire.

- Créez des moments de convivialité authentique avec des collègues positifs. Si vous êtes pris au piège avec des collaborateurs toxiques, médisants, tâchez de vous rendre compte ce qui vous arrive. De nombreuses ressources existent pour analyser les relations humaines, informez-vous sur ce qui vous attire et vous pose problème, analysez les jeux inconscients auxquels vous participez de manière malheureuse. Comprenez en quoi vous souffrez de certaines attitudes, et comment sortir de ces jeux.

- Soyez efficace : le burn out n'est pas un état, mais un processus : si vous passez votre temps à vous plaindre de votre emploi, ou n'avez plus d'autre centre d'intérêt, commencez à interroger votre entourage. Tournez-vous en boucle ? Avez-vous perdu votre joie de vivre ? Au besoin, consultez un coach ou un thérapeute.
- Fixez-vous une limite. Si malgré vos efforts, votre travail vous pèse, il ne reste que deux options : assumer ou partir. Déterminez la période que vous accordez à cet emploi pour vous épanouir ; donnez-vous à 100 % dans vos actions pour que la situation s'améliore. Une fois le jour J arrivé : décidez et assumez votre choix. Si c'est uniquement le poste et non l'entreprise qui ne vous convient pas, essayez d'en discuter avec le responsable des ressources humaines pour envisager une solution *win-win*.
- Offrez-vous du temps et de l'espace. Prenez le temps de vous ressourcer et de vous revaloriser. Ce n'est qu'après le repos, un vrai repos, que vous pourrez vous projeter dans un avenir à la hauteur de vos aspirations.

# FAQ

## QUELS SONT LES ÉLÉMENTS ESSENTIELS MENANT À L'ÉPANOUISSEMENT PROFESSIONNEL ?

En vous interrogeant sur vos motivations et sur ce qui vous semble primordial dans votre travail, vous aurez parcouru la moitié du chemin. Il ne reste ensuite plus qu'à s'attarder sur chaque détail relevé pour en tirer le meilleur parti. Dans cette réflexion, n'éliminez rien qui puisse vous sembler illégitime ou ridicule. C'est en établissant sincèrement ces deux listes que vous pourrez identifier ce qui vous motive et ce qui vous aiderait à vous épanouir.

## L'ÉPANOUISSEMENT EST-IL ACCESSIBLE À TOUS ?

Il l'est certainement, pour peu qu'on y mette le prix. Aucune situation ne va sans désavantages. Le tout est de choisir ceux qui vous coûtent le moins. Par exemple, si votre santé ne vous permet plus de suivre le rythme de travail imposé par votre fonction actuelle, démissionnez, même si cela peut vous paraître pénible. Être lucide et assumer ses choix est la clé.

## COMMENT AMORCER UN CHANGEMENT POSITIF ?

Il n'existe a pas de meilleurs moments que maintenant pour réagir ; les choses peuvent toujours empirer sans que cela soit sous votre contrôle. Pour qu'elles s'améliorent par contre, cela ne tient qu'à vous. Savourez dès aujourd'hui les détails positifs dans votre journée, n'en perdez pas une miette.

# COMMENT COMMUNIQUER AVEC MON PATRON ?

Vous voulez modifier vos horaires ou vos fonctions ? Il faudrait déjà que votre patron vous écoute. Si vous argumentez avec conviction, dévouement et enthousiasme, votre patron écoutera avec intérêt vos propositions. Si le changement n'est pas sa tasse de thé, à vous de voir si ce dernier est vraiment celui que vous souhaitez pour votre vie professionnelle.

### MON PATRON EST UN PROCHE

Des liens affectifs qui se créent au travail peuvent se transformer en nœuds difficiles à démêler. Si choisir entre la loyauté envers un parent/proche pour qui vous travaillez vous coûte la santé ou la joie de vivre, interrogez-vous sur la valeur de ce lien affectif.

# COMMENT S'ÉPANOUIR DANS UN ENVIRONNEMENT PROFESSIONNEL TOXIQUE ?

Ce n'est malheureusement pas possible. Si vous avez essayé sincèrement d'apporter du positif dans votre environnement professionnel et avez au final l'intime conviction que le problème vient du système : renoncez. Si votre situation financière ou familiale ne vous permet pas de démissionner, déployez les moyens nécessaires pour atteindre votre nouvel objectif : trouver un autre travail.

# COMMENT ME PERCEVRA MON ENTOURAGE SI JE DÉMISSIONNE ENCORE ?

Veillez à ne pas mettre dans le même sac toutes vos expériences professionnelles. Chaque départ est le fruit d'un processus dont vous n'êtes pas le seul élément déterminant. De plus, la personne que vous êtes aujourd'hui a davantage d'expérience et de maturité. Cette personne agit désormais pour s'épanouir, et c'est tout ce qui compte.

## JE CRAINS QUE L'ON ME PRENNE POUR UN FARFELU, QUE FAIRE ?

Soyez ce farfelu. Si vous avez décidé au contraire de ne plus être le clown de service, d'avoir davantage de responsabilités, ou de stopper les commérages à la pause-café, agissez en conséquence. Délaissez le rôle que vous vous étiez assigné au sein de l'équipe. Visualisez la personne que vous voulez être et collez à cette image. La sensation de vous tromper de scénario vous quittera petit à petit.

### ATTENTION !

Tout changement provoque des résistances, les premières étant les vôtres. Puis viennent celles des autres, et ce qu'elles peuvent provoquer en vous. Ne les vivez pas comme des obstacles, mais comme autant d'étapes à franchir pour atteindre votre but. Ne laissez pas l'agitation de ceux qui vous aimaient bien « avant » vous ralentir. Vous avez décidé d'être épanoui au travail, avec détermination et concentration, alors foncez !

## PEUT-ON CHANGER DE MÉTIER AU MILIEU D'UNE CARRIÈRE ?

Pensez à tous ceux qui l'ont fait par conviction ou par obligation : tout est une question de motivation. Il se peut que vous cherchiez une issue face à une situation douloureuse, ou simplement que vous réalisiez que votre emploi ne vous intéresse plus. Si vous êtes attiré par un autre type de métier, de nombreuses formations sont disponibles à horaire décalé ou en ligne pour redessiner votre carrière.

## TOUT COMMENCE PAR VOTRE PROJET

Cet exercice de visualisation vous prendra peu de temps. Imaginez que nous nous retrouvons dans un an. Oui, un an après cette lecture ! Vous avez effectué les changements nécessaires et êtes même heureux au travail. Que répondriez-vous à ces questions ?

- Quelles sont les trois choses qui vous réjouissaient le plus dans votre travail ? (Gagner davantage d'argent, servir une cause utile, rentrer plus tôt du travail, être estimé de vos collègues, exploiter votre potentiel, etc.)
- Qu'est-ce que cela aura changé dans votre vie privée ? Citez trois éléments. (Vous rentrez heureux chez vous, vous êtes davantage disponible pour vos proches, vous êtes moins fatigué, vous avez de nouveaux hobbys, vous vous habillez différemment, etc.)
- Que ressentiriez-vous à l'idée d'avoir réussi un changement dans votre vie professionnelle ? (Êtes-vous fier ? Soulagé ? Vous ne comprenez pas pourquoi vous avez tant attendu ?)
- Quels ont été les dommages collatéraux ? Pourquoi ? (Votre famille a moins de revenus ? Un collègue vous en veut d'avoir été mis en avant ?)

Relisez ces réponses et focalisez-vous sur vos sensations physiques. Vous sentez-vous essoufflé ? Vous sentez-vous soulagé ? Votre visage s'est-il illuminé ?

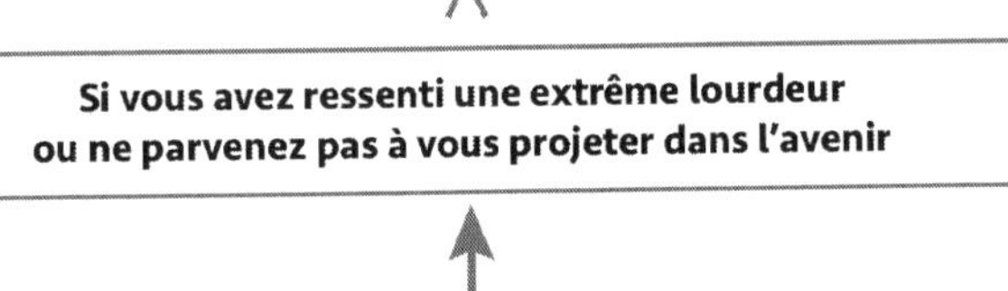

## PROGRAMMEZ VOTRE ÉPANOUISSEMENT

Ne vous interrogez pas sur la date à laquelle vous allez changer : vous avez déjà entamé la route vers votre objectif d'épanouissement en lisant ce livre. Autant profiter de votre élan en continuant encore un peu.

Nommez une action concrète, pour les trois prochains jours, qui vous permette de vous approcher de ce nouvel objectif. Cela peut être une petite chose (prendre une pause dehors, réorganiser votre bureau, etc.) ou une grande étape (prendre un rendez-vous chez un médecin ou un coach, préparer un nouveau projet à soumettre au patron, acheter un livre sur un sujet relié, etc.)

# DEMAIN MATIN : ENGAGEMENT

Au réveil, croyez en vous. Mettez un Post-it® sur le miroir de la salle de bain si nécessaire, mais dites-vous que le plus heureux au bureau, c'est vous. Si ce n'est pas encore le cas, cela ne tardera pas.

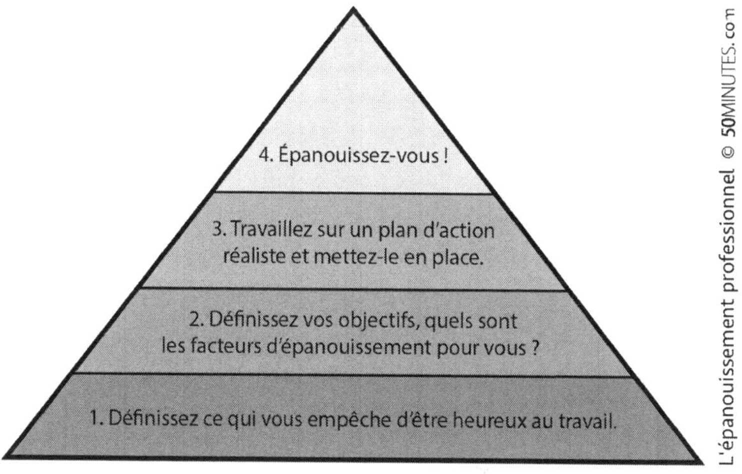

# POUR ALLER PLUS LOIN

## SOURCES BIBLIOGRAPHIQUES


- ACHOR (Shawn), « Shawn Achor : l'heureux secret d'un meilleur travail », in *Ted*, mai 2011, consulté le 25 juillet 2015. http://www.ted.com/talks/shawn_achor_the_happy_secret_to_better_work?language=fr
- ARIELY (Dan), « Qu'est-ce qui nous apporte de la satisfaction dans notre travail ? », in *Ted*, octobre 2012, consulté le 25 juillet 2015. http://www.ted.com/talks/dan_ariely_what_makes_us_feel_good_about_our_work?language=fr
- DESRUMAUX (Pascale), « Le travail, risque psychosocial ou facteur d'épanouissement ? », *Le Journal des psychologues 10/2010* (n° 283), p. 26-30, in *Cairn*, consulté le 25 juillet 2015. http://www.cairn.info/revue-le-journal-des-psychologues-2010-10-page-26.htm
- JUL, PÉPIN (Claude), *Platon La gaffe, Survivre au travail avec les philosophes*, Bruxelles, Éditions Dargaud, 2013.
- MORIEUX (Yves), « 6 règles pour simplifier le travail de plus en plus complexe », in *Ted*, octobre 2013, consulté le 25 juillet 2015. https://www.ted.com/talks/yves_morieux_as_work_gets_more_complex_6_rules_to_simplify?language=fr
- SAMSON (Alain), *Trop de coachs crèvent de faim*, Beliveau Éditeur, 2011.
- VERBOOMEN (Gabriel), *Le seuil d'incompétence de Peter*, Namur, Lemaitre Publishing, 2014.


## SOURCES COMPLÉMENTAIRES


- Portail d'Arte TV. http://info.arte.tv/fr/le-bonheur-au-travail

- MONSEMPES (Jean-Luc), « Le bonheur pour réussir », in *Institut Repère*.
  http://www.institut-repere.com/Videos/le-bonheur-pour-reusir.html
- Portail du Test du MBTI.
  http://www.analyse-transactionnelle.com/Mbti/Mbti.html
- WINGET (Larry), *Arrête de te plaindre et bouge-toi*, Paris, Leduc.s éditions, 2013.

## FILMS ET DOCUMENTAIRES

- *La Vie rêvée de Walter Mitty*, film de Ben Stiller, avec Ben Stiller, Shirley MacLaine, Sean Penn, États-Unis, 2013.
- *Le Bonheur au travail*, documentaire de Martin Messonnier, Production Arte France et Campagne Première, France, 2015.
- *Oui, mais...*, film d'Yves Lavandier, avec Émilie Dequenne et Gérard Jugnot, France, 2001.
- *Stupeur et tremblements*, film d'Alain Corneau, avec Sylvie Testud et Kaori Tsuji, France, 2003.

www.50minutes.com

Éditeur responsable : Lemaitre Publishing
Rue Lemaitre 6 | BE-5000 Namur
info@lemaitre-editions.com

ISBN ebook : 978-2-8062 6473-2
ISBN papier : 978-2-8062-6483-1
Dépôt légal : D/2015/12603/224
Photo de couverture : © Kenishirotie

Conception numérique : Primento,
le partenaire numérique des éditeurs

Made in the USA
Monee, IL
07 July 2026